Etapa alfabética,

Palabras a su paso

Salón de clases

Copyright © 2019 by Savvas Learning Company LLC. All Rights Reserved. Printed in the United States of America.

This publication is protected by copyright, and permission should be obtained from the publisher prior to any prohibited reproduction, storage in a retrieval system, or transmission in any form or by any means, electronic, mechanical, photocopying, recording, or otherwise. For information regarding permissions, request forms, and the appropriate contacts within the Savvas Learning Company Rights Management group, please send your query to the address below.

Savvas Learning Company LLC, 15 East Midland Avenue, Paramus, NJ 07652

Savvas® and **Savvas Learning Company®** are the exclusive trademarks of Savvas Learning Company LLC in the U.S. and other countries.

Savvas Learning Company publishes through its famous imprints **Prentice Hall®** and **Scott Foresman®** which are exclusive registered trademarks owned by Savvas Learning Company LLC in the U.S. and/or other countries.

Savvas Realize™ is the exclusive trademark of Savvas Learning Company LLC in the U.S. and/or other countries.

Words Their Way and *Palabras a su paso* are trademarks, in the U.S. and/or other countries, of Savvas Learning Company, or its affiliates.

Unless otherwise indicated herein, any third party trademarks that may appear in this work are the property of their respective owners, and any references to third party trademarks, logos, or other trade dress are for demonstrative or descriptive purposes only. Such references are not intended to imply any sponsorship, endorsement, authorization, or promotion of Savvas Learning Company products by the owners of such marks, or any relationship between the owner and Savvas Learning Company LLC or its authors, licensees, or distributors.

ISBN-13: 978-1-4284-4241-2
ISBN-10:   1-4284-4241-3
7 2022

Contenido

Grupo 27 Combinación de consonantes **fl** 1

Grupo 28 Combinación de consonantes **bl** 5

Grupo 29 Combinaciones de consonantes **cl, pl** 9

Grupo 30 Combinaciones de consonantes con **l** (**fl, bl, cl, pl**) 13

Grupo 31 Combinación de consonantes **fr** 17

Grupo 32 Combinación de consonantes **br** 21

Grupo 33 Combinaciones de consonantes **cr, pr** 25

Grupo 34 Combinaciones de consonantes con **r** (**fr, br, cr, pr**) 29

Grupo 35 Sonidos intermedios de **ll, ñ** 33

Grupo 36 Palabras terminadas en **-apa, -asa** 37

Grupo 37 Palabras terminadas en **-ama, -ata** 41

Grupo 38 Palabras terminadas en **-ano, -ato, -apo** 45

Grupo 39 Palabras terminadas en **-ina, -isa, -illa** 49

Grupo 40 Palabras terminadas en **-echo, -elo, -ero** 53

Grupo 41 Palabras terminadas en **-oso, -oro, -oco** 57

Grupo 42 Palabras terminadas en **-una, -ura, -usa** 61

Grupo 43 Palabras terminadas en **-ón, -es, -al** 65

Grupo 44 Palabras terminadas en **-anta, -ampo, -acto** 69

Grupo 45 Palabras terminadas en **-ía, -ío, -ista** 73

Grupo 46 Sonidos finales de **-o, -s, -r** en palabras multisílabas 77

Grupo 47	Sonidos finales de **-e, -n, -a** en palabras multisílabas 81	*Verificar* 6	Familias de palabras con sílabas abiertas 86
Verificar 5	Combinación de consonantes con **r** 85	*Verificar* 7	Palabras terminadas en sílabas cerradas 87
		Verificar 8	Sonidos finales en palabras multisílabas 88

Combinación de consonantes fl

Grupo 27: Combinación de consonantes fl

Combinación de consonantes fl

f	l	fl

Grupo 27: Combinación de consonantes fl

Dibuja cuatro cosas que empiecen con la combinación de consonantes fl. Escribe las palabras lo mejor que puedas debajo de cada dibujo.

fl

④ Grupo 27: Combinación de consonantes fl

Combinación de consonantes bl

Grupo 28: Combinación de consonantes bl

Combinación de consonantes bl

b	l	bl

Grupo 28: Combinación de consonantes bl

Dibuja cuatro cosas que empiecen con la combinación de consonantes **bl**. Escribe las palabras lo mejor que puedas debajo de cada dibujo.

bl

⑧ Grupo 28: Combinación de consonantes bl

Combinaciones de consonantes cl, pl

Grupo 29: Combinaciones de consonantes cl, pl

Combinaciones de consonantes cl, pl

pl

cl

Grupo 29: Combinaciones de consonantes cl, pl (11)

Dibuja dos cosas que empiecen con la combinación de consonantes cl y dos que empiecen con pl. Escribe las palabras lo mejor que puedas debajo de cada dibujo.

cl

pl

Grupo 29: Combinaciones de consonantes cl, pl

Combinaciones de consonantes con l (fl, bl, cl, pl)

Grupo 30

Grupo 30: Combinaciones de consonantes con l (fl, bl, cl, pl) ⑬

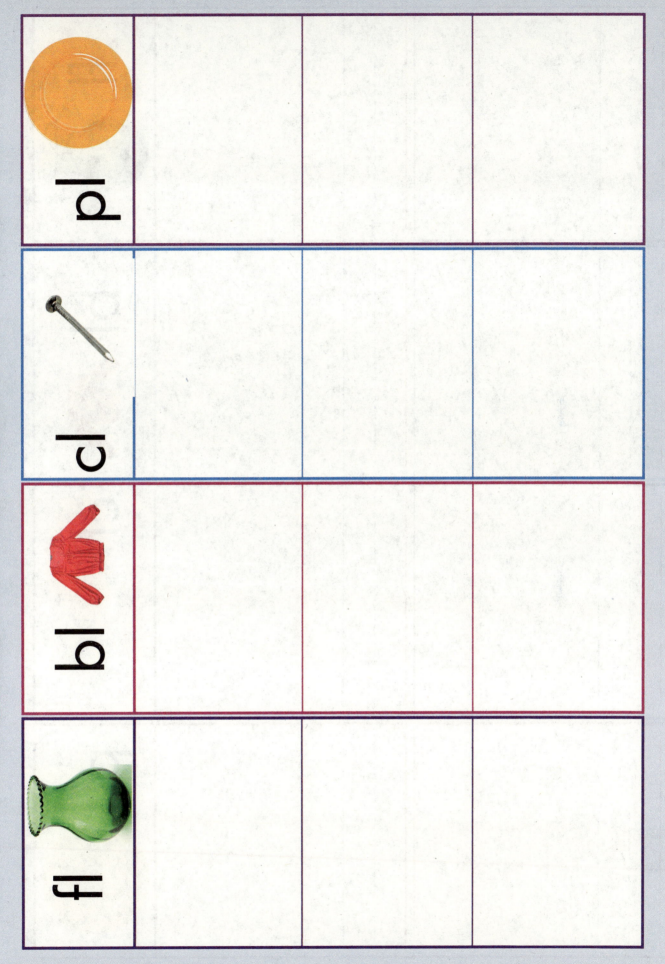

Grupo 30: Combinaciones de consonantes con l (fl, bl, cl, pl) 15

Dibuja dos cosas que empiecen con las combinaciones de consonantes fl, bl, cl, pl. Escribe las palabras lo mejor que puedas debajo de cada dibujo.

fl

bl

cl

pl

Grupo 30: Combinaciones de consonantes con l (fl, bl, cl, pl)

Combinación de consonantes fr

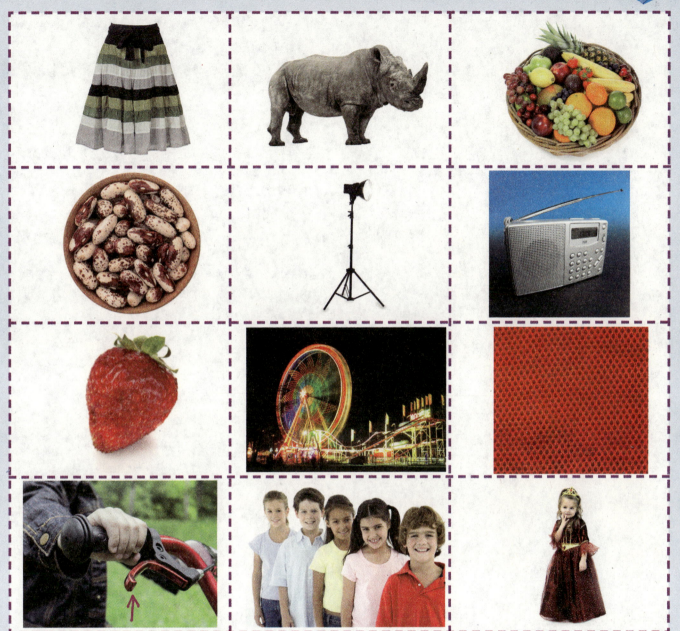

Grupo 31: Combinación de consonantes fr

Combinación de consonantes fr

f	r	fr

Grupo 31: Combinación de consonantes fr

Dibuja cuatro cosas que empiecen con la combinación de consonantes **fr**. Escribe las palabras lo mejor que puedas debajo de cada dibujo.

fr

Grupo 31: Combinación de consonantes **fr**

Combinación de consonantes br

Grupo 32: Combinación de consonantes br

Combinación de consonantes br

b	r	br

Grupo 32: Combinación de consonantes br

Dibuja cuatro cosas que empiecen con la combinación de consonantes br. Escribe las palabras lo mejor que puedas debajo de cada dibujo.

br

Grupo 32: Combinación de consonantes br

Combinaciones de consonantes cr, pr

Grupo 33

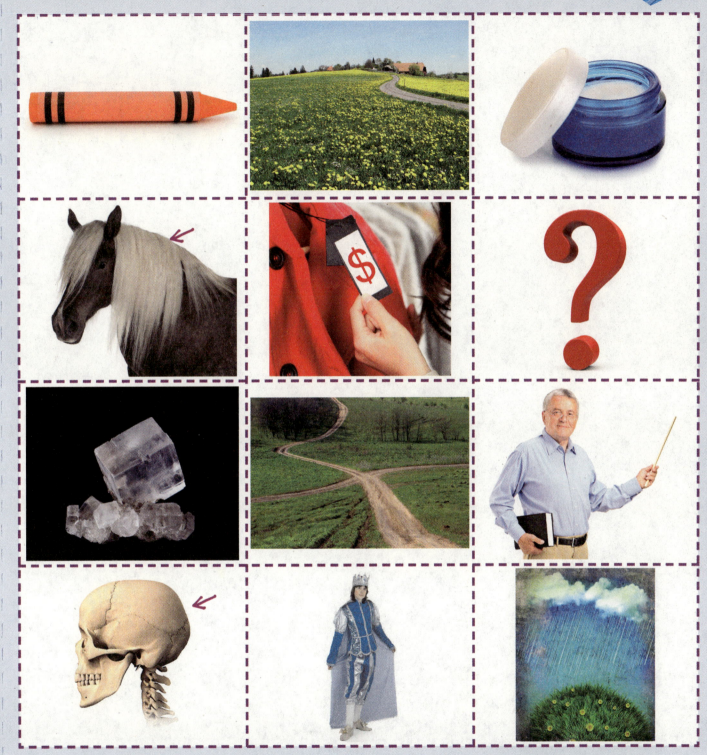

Grupo 33: Combinaciones de consonantes cr, pr 25

Combinaciones de consonantes cr, pr

pr

cr

Grupo 33: Combinaciones de consonantes cr, pr — 27

Dibuja dos cosas que empiecen con la combinación de consonantes cr y dos que empiecen con pr. Escribe las palabras lo mejor que puedas debajo de cada dibujo.

cr

pr

Grupo 33: Combinaciones de consonantes cr, pr

Combinaciones de consonantes con r (fr, br, cr, pr)

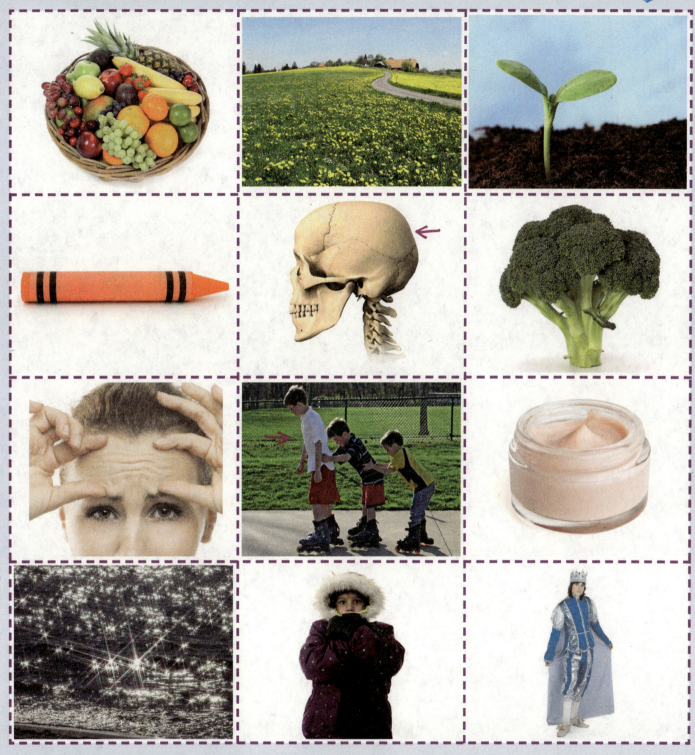

Grupo 34: Combinaciones de consonantes con r (fr, br, cr, pr)

Combinaciones de consonantes con **r (fr, br, cr, pr)**

pr			
cr			
br			
fr			

Grupo 34: Combinaciones de consonantes con r (fr, br, cr, pr)

Dibuja dos cosas que empiecen con las combinaciones de consonantes con *r*. Escribe las palabras lo mejor que puedas debajo de cada dibujo.

Grupo 34: Combinaciones de consonantes con r (fr, br, cr, pr)

Sonidos intermedios de ll, ñ

Grupo 35: Sonidos intermedios de ll, ñ

Sonidos intermedios de ll, ñ

Grupo 35: Sonidos intermedios de ll, ñ

Dibuja dos cosas que tengan ll y dos que tengan ñ en el medio. Escribe las palabras lo mejor que puedas debajo de cada dibujo.

ll

ñ

Grupo 35: Sonidos intermedios de ll, ñ

Grupo 36

Palabras terminadas en -apa, -asa

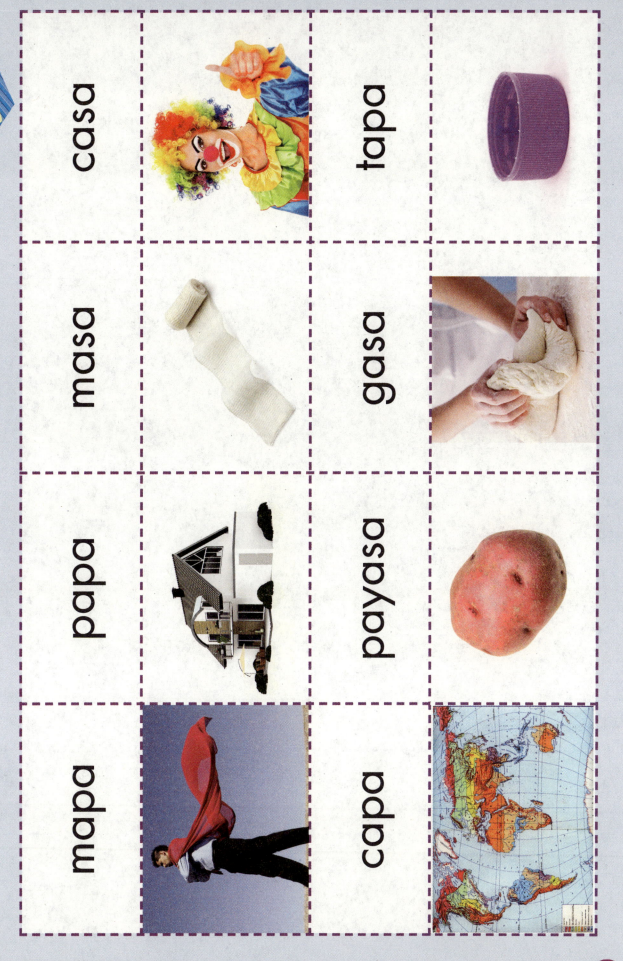

casa	tapa
masa	gasa
papa	payasa
mapa	capa

Grupo 36: Palabras terminadas en -apa, -asa

Palabras terminadas en -apa, -asa

-asa

-apa

Grupo 36: Palabras terminadas en -apa, -asa

Escribe en las líneas palabras que rimen con *capa* y las que rimen con *casa*.

capa	casa

Grupo 36: Palabras terminadas en -apa, -asa

Grupo 37: Palabras terminadas en -ama, -ata

Palabras terminadas en -ama, -ata

-ata

-ama

Grupo 37: Palabras terminadas en -ama, -ata

Escribe en las líneas palabras que rimen con cama y palabras que rimen con lata.

cama	lata

Grupo 37: Palabras terminadas en -ama, -ata

Palabras terminadas en -ano, -ato, -apo

Grupo 38

mano	trapo	pato
grano	zapato	esparadrapo
gato	sapo	gusano

Grupo 38: Palabras terminadas en -ano, -ato, -apo

Palabras terminadas en -ano, -ato, -apo

-ano	-ato	-apo

Grupo 38: Palabras terminadas en -ano, -ato, -apo

Escribe en las líneas palabras que rimen con mano, palabras que rimen con gato y palabras que rimen con sapo.

-ano

-ato

-apo

Grupo 38: Palabras terminadas en -ano, -ato, -apo

Palabras terminadas en -ina, -isa, -illa

Grupo 39

silla	repisa	tina
oficina	rodilla	risa
camisa	cocina	camilla

Grupo 39: Palabras terminadas en -ina, -isa, -illa

Palabras terminadas en -ina, -isa, -illa

-ina	-isa	-illa

Grupo 39: Palabras terminadas en -ina, -isa, -illa

Escribe en las líneas palabras que rimen con *tina*, palabras que rimen con *camisa* y palabras que rimen con *rodilla*.

-ina

-isa

-illa

52 Grupo 39: Palabras terminadas en -ina, -isa, -illa

Palabras terminadas en -echo, -elo, -ero

Grupo 40

ropero	pelo	helecho
pecho	velo	dinero
cero	derecho	modelo

Grupo 40: Palabras terminadas en -echo, -elo, -ero

Palabras terminadas en -echo, -elo, -ero

-echo	-elo	-ero

Grupo 40: Palabras terminadas en -echo, -elo, -ero

Escribe en las líneas palabras que rimen con **techo**, palabras que rimen con **velo** y palabras que rimen con **cero**.

-echo

-elo

-ero

(56) Grupo 40: Palabras terminadas en -echo, -elo, -ero

Palabras terminadas en -oso, -oro, -oco

Grupo 41

foco	oso	peloso
loro	pecoso	poco
coco	coro	toro

Palabras terminadas en -oso, -oro, -oco

-oso	-oro	-oco

Grupo 41: Palabras terminadas en -oso, -oro, -oco

Escribe en las líneas palabras que rimen con oso, palabras que rimen con toro y palabras que rimen con coco.

-oso

-oro

-oco

Grupo 41: Palabras terminadas en -oso, -oro, -oco

Palabras terminadas en -una, -ura, -usa

Grupo 42

figura	laguna	blusa
medusa	cuna	basura
llanura	luna	pelusa

Grupo 42: Palabras terminadas en -una, -ura, -usa

Palabras terminadas en -una, -ura, -usa

-una	-ura	-usa

Grupo 42: Palabras terminadas en -una, -ura, -usa

Escribe en las líneas palabras que rimen con luna, palabras que rimen con basura y palabras que rimen con blusa.

-una

-ura

-usa

Grupo 42: Palabras terminadas en -una, -ura, -usa

Palabras terminadas en -ón, -es, -al

Grupo 43

melón	panal	sillones
señal	sillón	lunes
melones	tamal	botón

Grupo 43: Palabras terminadas en -ón, -es, -al

Palabras terminadas en -ón, -es, -al

-ón	-es	-al

Grupo 43: Palabras terminadas en -ón, -es, -al

Escribe en las líneas palabras que rimen con melón, palabras que rimen con tres y palabras que rimen con sal.

-ón

-es

-al

Grupo 43: Palabras terminadas en -ón, -es, -al

Palabras terminadas en -anta, -ampo, -acto

Grupo 44

acampo	impacto	manta
planta	campo	cacto
pacto	hipocampo	llanta

Grupo 44: Palabras terminadas en -anta, -ampo, -acto

Palabras terminadas en -anta, -ampo, -acto

-anta	-ampo	-acto

Grupo 44: Palabras terminadas en -anta, -ampo, -acto

Escribe en las líneas palabras que rimen con manta, palabras que rimen con campo y palabras que rimen con pacto.

-anta

-ampo

-acto

Grupo 44: Palabras terminadas en -anta, -ampo, -acto

Palabras terminadas en -ía, -ío, -ista

Grupo 45

alcancía	dentista	rocío
policía	regadío	pista
revista	sandía	río

Grupo 45: Palabras terminadas en -ía, -ío, -ista

Palabras terminadas en -ía, -ío, -ista

-ía	-ío	-ista

Grupo 45: Palabras terminadas en -ía, -ío, -ista

Escribe en las líneas palabras que rimen con *tía*, palabras que rimen con *río* y palabras que rimen con *pista*.

-ía

-ío

-ista

Grupo 45: Palabras terminadas en -ía, -ío, -ista

Sonidos finales de -o, -s, -r en palabras multisílabas

-o	-s	-r
primero	mejores	caminar
parecer	imaginar	aletas
zapatero	dolores	profesor
ayudar	verano	repetir
minuto	tijeras	pelotero
cordeles	recorrer	caballo
agosto	papeles	caracoles

Grupo 46: Sonidos finales de -o, -s, -r en palabras multisílabas

Sonidos finales de -o, -s, -r en palabras multisílabas

-o	-s	-r
pasado	zapatos	manejar

Grupo 46: Sonidos finales de -o, -s, -r en palabras multisílabas

Di cada palabra. Escribe debajo del recuadro la palabra que corresponda a cada terminación.

| primero | zapatero | papeles | mejores | tijeras | caminar |
| parecer | minuto | cordeles | dolores | después | profesor |

-o

-s

-r

Grupo 46: Sonidos finales de -o, -s, -r en palabras multisílabas

Sonidos finales de -e, -n, -a en palabras multisílabas

Grupo 47

-e	-n	-a
karate	tomate	palabra
cadera	origen	mañana
tobogán	posible	algodón
elegante	semana	escoba
conocen	presente	esperan
perfume	ayudan	visitan
delicada	diferente	arriba

Grupo 47: Sonidos finales de -e, -n, -a en palabras multisílabas

Sonidos finales de -e, -n, -a en palabras multisílabas

-e cantante	-n orangután	-a sirena

Di cada palabra. Escribe debajo del recuadro la palabra que corresponda a cada terminación.

| perfume | traje | esperan | ayudan | posible | cadera |
| delicada | mañana | presente | tomate | karate | tobogán |

-e

-n

-a

Nombra cada ilustración. Escribe la combinación fr, br, cr o pr, con la que empieza cada nombre.

1.
2.
3.
4.
5.
6.
7.
8.
9.
10.
11.
12.
13.
14.
15.
16.
17.
18.
19.
20.

Verificar 5: Combinaciones de consonantes con r

Nombra las tres palabras de cada recuadro. Traza un círculo alrededor de las dos palabras que formen el mismo grupo o familia.

1. capa tapa ropa	2. puma masa casa	3. llama tema rama	4. mano mono llano
5. pato gato pavo	6. oso sapo sopapo	7. tina vena fina	8. silla milla olla
9. mesa misa lisa	10. lecho ducha techo	11. vaso pelo velo	12. pero mero duro
13. tema toso foso	14. toro loro caro	15. toco caso coco	16. loco choco taco
17. pena duna luna	18. dura cura pera	19. masa rusa musa	20. mapa chapa popa

Verificar 6: Familias de palabras con sílabas abiertas

Nombra las tres palabras de cada recuadro. Traza un círculo alrededor de las dos palabras que tengan la terminación similar.

1. girasol sol perejil	2. mar par dormir	3. mes tres tos
4. tul sal chal	5. mil vil col	6. fin ven sin
7. color dolor tocar	8. dar ver ser	9. pan don van
10. gel papel cal	11. mes más jamás	12. mis gis vas
13. patín salón cajón	14. dos las tos	15. jabón jamón calor

Verificar 7: Palabras terminadas en sílabas cerradas

Nombra la ilustración. Traza un círculo alrededor de la letra con la que termina.

1. -e -n -a	2. -e -n -a	3. -e -n -a
4. -o -s -r	5. -o -s -r	6. -e -n -a
7. -e -n -a	8. -e -n -a	9. -o -s -r
10. -o -s -r	11. -e -n -a	12. -o -s -r
13. -o -s -r	14. -o -s -r	15. -e -n -a

Verificar 8: Sonidos finales en palabras multisílabas

Photographs

Unless otherwise noted, all interior photographs courtesy of Fotolia.

CVR (Bears) Maryna Shkvyria/Shutterstock; (Sheep) PPVector/Shutterstock; (Ear & Eye) Iconic Bestiary/Shutterstock; (Whale) Zhalul Design/Shutterstock;

1 (Magnifier) Vchal/Shutterstock; 5 (Flag) L F File/Shutterstock; (Pillow) Coleman Yuen/Pearson Education Asia Ltd; 9 (Nail) Denis Dryashkin/Shutterstock; 13 (Planet) MarcelClemens/Shutterstock; (Nail) Denis Dryashkin/Shutterstock; 15 (Nail) Denis Dryashkin/Shutterstock; 16 (Nail) Denis Dryashkin/Shutterstock; 17 (Brake) Yevhen Prozhyrko/Shutterstock; 21 (Balcony) Tapui/Shutterstock; (Brush) Kitch Bain/Shutterstock; (Speakers) Bob Mawby/Shutterstock; (Brooch) Mikhail Turov/Shutterstock; 25 (Crayon) Lucie Lang/Shutterstock; (Meadow) Alexander Chaikin/Shutterstock; (Crossroads) Yuriy Kulik/Shutterstock; 29 (Meadow) Alexander Chaikin/Shutterstock; (Crayon) Lucie Lang/Shutterstock; (Sparkling) Eileen Rollin Photography/Shutterstock; 31 (Crossroads) Yuriy Kulik/Shutterstock; 32 (Crossroads) Yuriy Kulik/Shutterstock; 33 (Street) Trekandshoot/Shutterstock; (Valley) Jakobradlgruber/123RF; 35 (Chicken) 123RF; (Cloth) Bohbeh/Shutterstock; 36 (Chicken) 123RF; (Cloth) Bohbeh/Shutterstock; 37 (Potato) Quang Ho/Shutterstock; 41 (Robe) Ruslan Kudrin/Shutterstock; (Lady) Creative icon styles/Shutterstock; 45 (Tape) Rob Byron/Shutterstock; 53 (Model) Shooarts/Shutterstock; (T-Shirt) Xiaorui/Shutterstock; (Chain) Knitterlicht/Shutterstock; 57 (Choir) SpeedKingz/Shutterstock; 61 (Fuzz) Mohamed Fadly/Shutterstock; (Jellyfish) Vapi/123RF; (Pedicure) Tomek_Pa/Shutterstock; 86 (Brake) Yevhen Prozhyrko/Shutterstock; (Meadow) Alexander Chaikin/Shutterstock; (Sparkling) Eileen Rollin Photography/Shutterstock; (Brooch) Mikhail Turov/Shutterstock; (Crayon) Lucie Lang/Shutterstock; 89 (Shirt) Evaletova/123RF; (Pilot) Angelo Giampiccolo/Shutterstock